Vente du Jeudi 14 Mai 1903
HOTEL DROUOT, SALLE N° 10

A 2 H. 1/2

TABLEAUX ANCIENS

Dessins, Gravures

Mᶜ LAIR-DUBREUIL, Commissaire-Priseur.
M. G. SORTAIS, Peintre-Expert.

EXPOSITION PUBLIQUE

Le Mercredi 13 Mai 1903, de 2 heures à 6 heures

PARIS. — Imp. MÉNARD et CHAUFOUR

C. CHAUFOUR, Successeur

8-10, rue Milton

CATALOGUE

DES

TABLEAUX ANCIENS

par ou attribués à

BOILLY, BOUCHER, BREUGHEL, CORNÉLISSEN, FALENS, MARTINELLI, MOULIN
PALAMÈDES, PALOMINO, POEL, RIBÉRA, RIGAUD, RUBENS
THULDEN, VERNET, WEENIX

IMPORTANT TABLEAU

par *Antoine COYPEL*

Actéon et Vénus

DESSINS, GRAVURES ANGLAISES

dont la vente aux enchères publiques aura lieu

HOTEL DROUOT, SALLE N° 10

Le Jeudi 14 Mai 1903, à 2 heures 1/2

M⁰ F. LAIR-DUBREUIL	M. Georges SORTAIS
COMMISSAIRE-PRISEUR	PEINTRE-EXPERT
6, Rue de Hanovre, 6	1 — Rue Mogador — 1

Chez lesquels se distribue le présent catalogue

EXPOSITION PUBLIQUE

Le Mercredi 13 Mai 1903, de 2 heures à 6 heures

CONDITIONS DE LA VENTE

La vente sera faite au comptant.

Les acquéreurs paieront *dix pour cent* en sus des prix d'adjudication.

L'exposition mettant le public à même de se rendre compte de l'état des objets, il ne sera admis aucune réclamation une fois l'adjudication prononcée.

3756. — Imp. C. CHAUFOUR, 8-10, rue Milton, Paris.

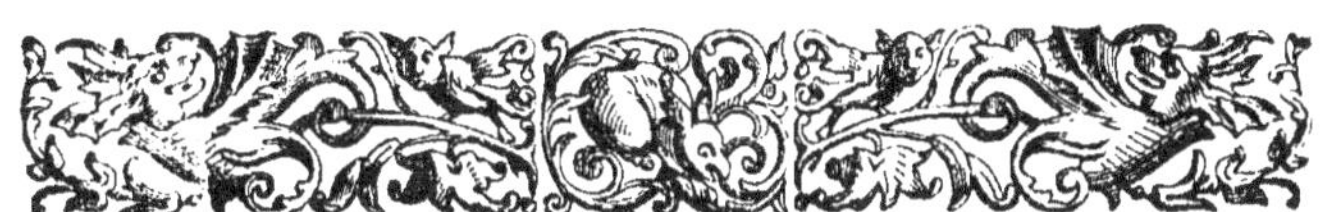

DESIGNATION

TABLEAUX

BOILLY (Louis-Léopold)

1 — Portrait de Monseigneur d'Ablaing, évêque
d'Arras.

Signé et daté.

BOUCHER (d'après François)
Copie du XVIIIe siècle

2 — L'Amour oiseleur.

3 — L'Amour forgeron.

BOURDON (Sébastien)

4 — Paysage et animaux.

BREUGHEL

5 — Paysage.

CORNELISSEN (F.)

6 — Fleurs.

Signé, en bas à droite.

CORREGIO (Ecole de)

7 — La Vierge et l'enfant Jésus.

Panneau.

COXIE (Ecole de MICHEL DE)

8 — Vierge et enfant au chardonneret.

COYPEL (ANTOINE)

9 — Vénus et Actéon.

Vénus, descendue de son char trainé par des colombes et précédée de l'Amour, s'efforce de retenir Actéon entraîné par l'amour de la chasse. Derrière le char, les compagnes de Vénus anxieuses de voir leur déesse triompher.

Panneau décoratif. haut. 1 m. 90. Larg. 3 m. Belle composition dont la peinture rappelle les colorations riches du grand maître Rubens.

DAVID GÉRARD (Genre de)

10 — Saintes femmes pleurant.

Cuivre.

DUVIVIER

11 — Accessoires d'architecte.

Signé et daté.

ECOLE DE FERRARE

12 — La Nativité.

Panneau.

ECOLE FLAMANDE XVe SIÈCLE

13 — Jésus résuscitant un enfant.

ECOLE FLAMANDE

14 — Vénus et l'Amour chez Vulcain.

ÉCOLE FRANÇAISE, FIN DU XVIIIe SIÈCLE

15 — Portrait d'homme assis, le bras gauche appuyé
sur le dossier d'une chaise.

ECOLE FRANÇAISE XVIIIe SIÈCLE

16 — Portraits d'un petit garçon en costume de
garde française et d'une petite fille en robe
blanche.

ECOLE FRANÇAISE

17 — Les Pêcheurs.

ECOLE FRANÇAISE

18 — Portrait d'homme en cuirasse.

ECOLE HOLLANDAISE XVIIIe SIECLE

19 — Portrait de femme coiffée d'un bonnet rose
vêtue d'un corsage vert.

ECOLE HOLLANDAISE

20 — Portrait d'homme.

ÉCOLE HOLLANDAISE

21 — Marine.

ECOLE HOLLANDAISE

22 — Paysage et animaux.

ÉCOLE HOLLANDAISE

23 — Pâturage.

ECOLE ITALIENNE, XVIIᵉ SIÈCLE

24 à 26 — Sujets mythologiques. Trois panneaux
décoratifs.

ECOLE ITALIENNE, XVIIᵉ SIÈCLE

27 — Deux amours.

ÉCOLE ITALIENNE

28 — La Vierge, l'Enfant Jésus, Sainte Elisabeth et
Saint Jean Baptiste.

ECOLE VIENNOISE, XVIIIᵉ SIÈCLE

29 — Portrait de Joseph II.

FALENS (Attribué à Van)

30 — Fanfare de cavaliers près d'un campement à
l'entrée d'une ville.

LANCRET (D'après)

31 — Scène champêtre.

MARTINELLI (Attribué à)

32 — Sainte Cécile.

MIERIS (Ecole de)

33 — Femme chantant dans un intérieur hollandais.

MOULIN (Peter)

34 — Paysage.

PALAMÈDES (Attribué à)

35 — Les Relevailles.

PALOMINO DE VELASCO (1653-1726)

36 — L'enfant Jésus et saint Jean enfant.

Deux pendants.
Signés et datés en bas.

POEL (Van Der)

37 — L'Incendie.

PORBUS (Ecole de François)

38 — Portrait d'homme à pourpoint noir.

POUSSIN (Ecole du)

39 — Moïse sauvé du massacre.

REMBRANDT (Ecole de)

40 — Portrait de jeune homme assis coiffé d'une toque et vêtu d'une tunique noire.

Panneau.

REMBRANDT (Ecole de)

41 — Descente de croix.

>Panneau.

REMBRANDT (Ecole de)

42 — Portrait de vieillard.

RIBÉRA

43 — Le Martyr de saint André.

RIGAUD (Gaspard)

44 — Portrait d'homme.

>Il est représenté de trois quarts à droite, coiffé d'une perruque poudrée, colleté d'un jabot de dentelles ; il est revêtu d'un manteau de velours rouge à galons d'or.
>
>Toile ovale. Haut. : 0^{m}73 ; larg : 0^{m}60.
>
>Signé au verso et daté 1691.
>
>Cadre Louis XIV bois sculpté.

RUBENS (Ecole de)

45 — Les Victimes de l'amour.

TENIERS (Ecole de)

46 — Tentation de saint Antoine.

THULDEN (Van)

47 — Suzanne et les vieillards.

VAN LOO (Ecole de Michel)

48 — Portrait de Monsieur Matagon, gouverneur des Forêts de la Couronne.

49 — Portrait de Madame Matagon.

Deux pendants.

VERNET (Attribué à JOSEPH)

50 — Un Naufrage.

VÉRONÈSE (Ecole de)

51 — Sujet biblique.

WATTEAU (Ecole de)

52 — La Danse.

WEENYX (Attribué à)

53 -- Portrait d'un musicien assis sur un banc de pierre dans un parc: il tient un feuillet de musique de la main gauche.

WOUVERMANS (Ecole de PH.)

54 — Attaque d'un convoi par des brigands.

55 — Sous ce numéro, tableaux et dessins non catalogués.

DESSINS, GRAVURES

ECOLE FRANÇAISE DU XVIIIᵉ SIÈCLE

56 — Portrait de vieillard assis.

57 à 59 — Trois dessins par BREUGHEL, CHARLET, DAUBIGNY.

60 à 64 — Sept gravures anglaises.

Sera divisé.